VILLE DE BAYEUX

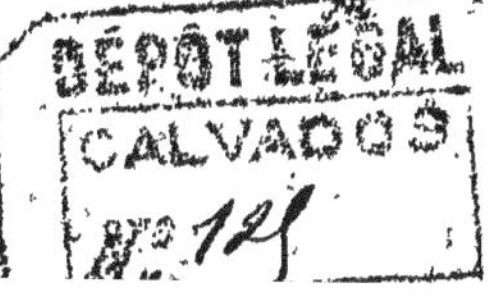

Arrêté Réglementaire

CONCERNANT :

la CIRCULATION dans la Commune de Bayeux
des ANIMAUX destinés à la Boucherie
ou à la Charcuterie ;

l'ORGANISATION et la POLICE
de l'ABATTOIR MUNICIPAL ;

la VISITE SANITAIRE ;

le TRANSPORT et la MISE EN VENTE
des Viandes

BAYEUX

IMPRIMERIE GASTON COLAS, RUE ROYALE

1914

VILLE DE BAYEUX

Arrêté Réglementaire

CONCERNANT :

la *CIRCULATION dans la Commune de Bayeux*
des ANIMAUX destinés à la Boucherie
ou à la Charcuterie ;

l'ORGANISATION et la POLICE
de l'ABATTOIR MUNICIPAL ;

la VISITE SANITAIRE ;

le TRANSPORT et la MISE EN VENTE
des Viandes

BAYEUX
IMPRIMERIE GASTON COLAS, RUE ROYALE
1914

ARRÊTÉ RÉGLEMENTAIRE

concernant la Circulation dans la Commune de Bayeux des Animaux destinés à la Boucherie ou à la Charcuterie ; l'Organisation et la Police de l'Abattoir municipal ; la Visite sanitaire ; le Transport et la Mise en Vente des Viandes.

Le Maire de la Ville de Bayeux,

Vu les Lois, Décrets et Règlements concernant la salubrité publique, le commerce des viandes, le régime des abattoirs ;

Vu notamment :

La Loi du 21 juin 1898 ;
La Loi du 8 janvier 1905 ;
Le Décret du 18 juillet 1913 ;
La Loi du 5 avril 1884 ;

Vu l'Arrêté de M. le Préfet du Calvados, en date du 27 décembre 1909 ;

Vu la Délibération du Conseil municipal, en date du 6 avril 1914 ;

Arrête :

TITRE Ier

Dispositions Générales

Article 1er. — Tous les animaux des espèces bovine, ovine et porcine, destinés à la consommation, ne pourront être, à l'avenir, sacrifiés à Bayeux ailleurs qu'à l'abattoir public ; conséquemment, à partir de l'ouverture de cet établissement, toutes les tueries particulières existant sur le territoire de la commune seront rigoureusement supprimées.

Art. 2. — L'abattoir sera ouvert tous les jours, aux heures ci-après indiquées :

De 6 heures à 18 heures, pendant les mois de janvier, février, novembre et décembre.

De 6 heures à 20 heures, pendant les mois de mars, avril, septembre et octobre.

De 5 heures à 20 heures, pendant les mois de mai, juin, juillet et août.

Aucun abatage ne devra avoir lieu les dimanches et jours fériés, sauf autorisation spéciale du Maire.

En cas de circonstances extraordinaires, des modifications aux heures et aux jours ainsi indiqués, pourront être autorisées par le Maire.

TITRE II

Personnel

Art. 3. — Le personnel chargé de l'administration de l'abattoir est désigné par le Maire ; il comprend un Directeur qui pourra être le Préposé en chef de l'octroi et auquel appartient la surveillance générale de l'établissement ;

Un Receveur chargé de la perception de toutes les taxes relatives à l'exploitation de l'abattoir et à la vérification des viandes ; il est logé dans l'établissement et fait fonctions de concierge ;

Un Gardien-Bouvier, également logé dans les bâtiments de l'abattoir, et qui doit assurer le placement des animaux à leur arrivée dans les bouveries, bergeries ou porcheries ; nettoyer toutes les parties de l'abattoir ; entretenir en parfait état les cours et passages, s'employer, en un mot et sous l'autorité du Directeur, à tout ce qui concerne la bonne tenue de l'établissement.

Le Gardien-Bouvier pourra être assermenté.

Un Vétérinaire, à la disposition duquel sont mis un cabinet et un laboratoire, et qui sera chargé de l'inspection des animaux amenés à l'abattoir, de la vérification et du poinçonnage des viandes et généralement de tout ce qui intéresse le service sanitaire de l'établissement, suivant les dispositions spécifiées ci-après :

TITRE III

Circulation des Animaux
Installation de l'Abattoir
Police Générale

Art. 4. — Les animaux pénétrant sur le territoire de la commune de Bayeux et destinés à l'alimentation, seront immédiatement et directement conduits à l'abattoir accompagnés d'un passe-debout qui sera remis au Receveur.

Il en sera de même pour les animaux achetés aux marchés de Bayeux, et pour ceux en séjour dans la commune.

Ils seront tous pesés, à leur arrivée, sur les bascules, et les droits d'octroi, ainsi que les taxes d'abatage et de vérification sanitaire, seront immédiatement acquittés. Le montant de ces droits sera établi d'après les proportions suivantes, indiquées par le décret du 18 juillet 1913 :

Rendement du poids de l'animal vivant en viande nette taxée :

Bœufs et taureaux. .	50 kil.	par 100 kil.
Vaches	50 id.	par 100 id.
Veaux.	50 id.	par 100 id.
Moutons, Brebis et		
Agneaux.	50 id.	par 100 id.
Porcs	80 id.	par 100 id.

Art. 5. — Pour être admis dans l'établissement, les taureaux, bœufs et vaches devront être conduits à la main à l'aide d'une forte corde, ou attachés solidement à une voiture. Les taureaux devront être en outre munis d'un anneau ou d'une mouchette.

Art. 6. — Les animaux seront dirigés soit vers les salles d'abatage, soit vers les diverses étables, bergeries ou porcheries.

Art. 7. — Les usagers de l'abattoir auront à leur disposition : 1° des halls d'abatage, 2° des étables, bergeries, porcheries,

3° des greniers à foin, 4° une triperie, 5° un brûloir pour les porcs, 6° une salle de charcuterie, 7° un coche destiné à la vidange des panses, 8° des vestiaires où pourront être rangés les vêtements et ustensiles de travail, 9° divers autres locaux.

Salles d'abatage

Art. 8. — Les halls d'abatage, triperie, brûloir, charcuterie, vestiaires, seront éclairés aux frais de la Ville ; l'éclairage en sera réglé par le Gardien-Bouvier.

Art. 9. — Tous les locaux seront pourvus de robinets et l'eau sera fournie gratuitement aux usagers qui ne devront jamais laisser couler inutilement les robinets.

Art. 10. — Les halls d'abatage seront pourvus des appareils nécessaires à leur exploitation : treuils, barres de levage, transporteurs aériens, crochets de suspension, chariots, etc. Les occupants seront tenus d'apporter, dans l'emploi de ces appareils, tous leurs soins, et ils seront responsables de toutes les dégradations mobilières et immobilières qui proviendraient de leur fait ou de leur négligence.

Art. 11. — Tous les animaux conduits dans les halls d'abatage devront être menés à l'aide d'attaches solides, les taureaux, bœufs et vaches difficiles ou dangereux seront munis de mouchettes ou de masques et, au besoin, entravés.

Art. 12. — Le treuil ou l'emplacement dont chaque usager devra faire emploi, lui sera indiqué par le Directeur de l'abattoir ou par le Gardien-Bouvier.

Art. 13. — Aucune méthode d'abatage n'est imposée aux bouchers ni aux charcutiers, mais il leur est interdit de se livrer à des actes de brutalité. La loi du 2 juillet 1850, dite loi Grammont, serait applicable à ceux qui, par leur faute, prolongeraient l'agonie des animaux ou commenceraient l'habillage avant la disparition complète de tout signe de sensibilité.

Art. 14. — Dès que l'animal sera mort, les différentes opérations de l'habillage devront être poursuivies sans interruption. Les avortons seront portés dans la salle des viandes saisies, dans laquelle seront dépouillés ceux dont la peau sera susceptible d'être utilisée.

Art. 15. — Après chaque abatage, les usagers feront immédiatement laver les dalles et les murs autant qu'il sera nécessaire, et de façon à faire disparaître toute trace de sang.

Coche, Triperie
et Locaux spéciaux

Art. 16. — Aussitôt l'habillage d'un animal terminé, les issues, panses et boyaux seront transportés au coche, ils y seront expurgés et lavés, étant expressément défendu de vider ces organes en tout autre lieu.

Art. 17. — Le sang sera versé dans des récipients spéciaux et ne devra jamais être jeté dans les canalisations de l'abattoir ; il sera provisoirement déposé dans le local destiné à cet effet.

Art. 18. — Le sang, les cuirs et les suifs seront enlevés au moins deux fois par semaine, aux jours indiqués, et plus souvent si l'administration de l'abattoir le juge né·cessaire, ils seront provisoirement déposés dans un local spécial.

Art. 19. — Les issues, panses et boyaux devront être manipulés dans la triperie, qui sera pourvue de chaudières, de bouilleurs, d'une distribution d'eau froide et de bacs de lavage.

Le combustible employé dans la triperie sera fourni pas les usagers qui devront toujours assurer la parfaite propreté du local et user des appareils de façon à n'y causer aucune détérioration.

Etables, Bergeries, Porcheries

Art. 20. — Les places que les animaux devront occuper dans les étables, bergeries ou porcheries, seront indiquées par le Directeur de l'abattoir ou par le Garde-Bouvier.

Art. 21. — Les animaux occuperont ces places gratuitement pendant 48 heures non compris le jour de l'abatage ; passé ce délai, les bouchers et charcutiers devront payer au Receveur un droit de stabulation fixé au tarif ci-après arrêté.

Art. 22. — Toutefois, lorsque les circonstances le permettront, il pourra être consenti aux bouchers et charcutiers des abonnements mensuels pour l'occupation, par leurs animaux, de places fixes dans les divers locaux de stabulation ; le prix de ces abonnements est fixé au tarif ci-après arrêté.

Art. 23. — Les étables, bergeries et porcheries seront nettoyées et lavées par ceux qui y déposeront leurs animaux ; les fumiers en provenant seront retirés par eux des emplacements occupés par les animaux, ils seront ensuite enlevés aussi vite que possible par le Garde-Bouvier et déposés dans la fosse à fumier ; ils seront la propriété de la Ville.

Art. 24. — Il est formellement interdit d'entrer dans les bouveries, bergeries et porcheries avec de la lumière si elle n'est enfermée dans des lanternes à réseau métallique, approuvées par le Directeur de l'abattoir.

Greniers

Art. 25. — Les greniers à fourrages, divisés en compartiments fermant à clef, seront, sur leur demande, loués aux bouchers et charcutiers. Le prix mensuel de cette location est fixé au tarif ci-après arrêté.

Art. 26. — Aucune voiture de fourrages destinés à la nourriture des animaux ne pourra être introduite dans l'établissement que de 6 heures à 16 heures en hiver, et de 6 heures à 18 heures en été.

Art. 27. — Les fourrages apportés à l'abattoir devront toujours être parfaitement secs et bottelés pour être admis dans les greniers. Ils devront être mis en place aussitôt après leur arrivée.

Art. 28. — L'entrée et la circulation dans les greniers à fourrage sont formellement interdites pendant la nuit.

Art. 29. — Il est formellement défendu à toute heure de fumer dans les greniers à fourrage, ainsi que dans les étables, bergeries et porcheries.

Brûloir et Charcuterie

Art. 30. — Les porcs seront abattus dans le brûloir. Le combustible nécessaire pour les brûler sera fourni par les charcutiers.

Art. 31. — Aussitôt après le brûlage, les porcs seront amenés dans la salle de charcuterie.

Art. 32. — La répartition entre les charcutiers des différentes places dans la salle de travail sera faite au besoin par le Garde-bouvier.

Art. 33. — Les dispositions spécifiées aux

articles 13, 14, 15, 16 et 17, au sujet de l'abatage des animaux et de la tenue des locaux sont applicables aux usagers du brûloir et de la salle de charcuterie.

Vestiaire

Art. 34. — Les vêtements et instruments de travail devront être rangés par les bouchers et charcutiers dans le vestiaire mis dans ce but à leur disposition. La place que chacun d'eux devra y occuper sera désignée par M. le Directeur de l'abattoir ou par le Gardien-bouvier.

Police générale

Art. 35. — Les personnes employées à l'administration de l'abattoir, les bouchers, charcutiers et leurs aides, dont ils devront préalablement indiquer les noms et âges au Directeur, seront seuls admis dans l'établissement.

Art. 36. — Toute personne qui se trouverait en état d'ivresse sera immédiatement expulsée de l'établissement par le Directeur ou le Garde-bouvier.

Art. 37. — Toute introduction de boissons alcooliques dans l'abattoir est formellement interdite.

Art. 38. — La grille d'entrée de l'abattoir sera fermée à clef ; elle sera ouverte par le Receveur d'octroi seulement pour les besoins du service.

Art. 39. — Les diverses clefs de l'abattoir seront remises entre les mains du Garde-bouvier, à l'exception des clefs des grilles d'entrée qui resteront entre les mains du Receveur d'octroi.

Art. 40. — Les voitures qui pénétreront dans l'intérieur de l'abattoir ne devront y circuler, quel que soit leur mode de traction, qu'à l'allure du pas. Elles ne pourront stationner dans les cours et passages mais seront tenues, après leur déchargement ou chargement, d'aller se ranger sous l'abri qui leur est spécialement destiné, ou de sortir de l'établissement. Les chevaux attelés aux véhicules ainsi remisés devront être soigneusement attachés.

Art. 41. — Il est défendu d'introduire dans l'abattoir des chiens autres que ceux des conducteurs de bestiaux ; encore ces derniers ne devront-ils jamais y séjourner.

Art. 42. — Il est défendu d'élever et d'entretenir dans l'abattoir des veaux, porcs, chèvres, moutons, pigeons, lapins et volailles d'aucune sorte, sauf une autorisation expresse du Maire.

Art. 43 — Toute querelle et voie de fait, tout jeu de hasard, sont interdits dans l'abattoir. Les personnes qui contreviendraient à cette prescription ou qui troubleraient l'ordre d'une façon quelconque, seront expulsées sans préjudice des poursuites dont elles pourraient être l'objet.

Art. 44. — Les viandes transportées hors de l'abattoir dans l'intérieur de la ville, quel que soit le moyen de transport, devront être recouvertes avec soin de linges disposés de façon à ne laisser aucune trace de sang sur la voie publique.

TITRE IV

Police sanitaire

Art. 45. — Après leur entrée dans l'abattoir et avant leur admission dans le hall d'abatage ou dans le brûloir, tous les animaux seront soumis à l'examen du vétérinaire et seules les bêtes reconnues saines pourront être abattues.

Ces visites sanitaires auront lieu trois fois par semaine et plus souvent si besoin est.

Art. 46. — Tout animal reconnu malsain ou impropre à la consommation devra être sans aucun délai retiré de l'abattoir par les soins de son propriétaire, à moins qu'en raison de la maladie constatée il n'y ait lieu de procéder à l'abatage immédiat, qui, dans ce cas, aura lieu dans la salle spécialement destinée à cet usage.

Art. 47. — Nonobstant la visite prescrite à l'article 45 ci-dessus, tout animal destiné à la consommation devra être, après son abatage, examiné par le vétérinaire, aucun organe ne pourra être enlevé avant cette visite et aucune viande ne pourra sortir du hall d'abatage sans avoir été examinée et estampillée à l'aide du poinçon portant la marque adoptée par l'administration municipale.

Art. 48. — Toute viande reconnue impropre à la consommation ou suspecte, devra être immédiatement enlevée du hall d'abatage et transportée, par les soins de son propriétaire, dans le local réservé aux viandes saisies, en attendant qu'elle puisse être détruite le plus promptement possible par le propriétaire ou à ses frais.

Art. 49. — Procès-verbal de la saisie et de l'enlèvement des chairs et issues malsaines ou suspectes sera dressé, sur la requête des préposés de l'abattoir, par un agent de la police municipale en présence, autant qu'il se pourra, du propriétaire appelé par un simple avis, même verbal, et sous réserve des autres mesures prescrites par la loi.

Art. 50. — Dans le cas où la chair d'un animal reconnue impropre à la consommation tombera sous l'application des articles 48 et 49 ci-dessus, le propriétaire, s'il conteste les conclusions du vétérinaire, pourra en appeler à l'appréciation d'un expert de son choix ; si l'accord ne s'établit pas, alors un tiers expert, nommé par le Maire, prononcera sans nouveau recours. La rémunération du tiers expert sera à la charge du propriétaire s'il succombe dans l'expertise.

Art. 51. — Dans les cas prévus par les

articles 45, 46, 47, 48 et 49, le vétérinaire devra consigner ses observations sur un registre spécial qui devra être visé chaque mois par le Maire.

TITRE V

Viandes foraines

Art. 52. — Toutes les viandes provenant d'animaux abattus en dehors du territoire de la commune qui seront apportées à Bayeux pour y être livrées à la consommation, devront, avant leur mise en vente, subir la visite du vétérinaire désigné à cet effet et être par lui estampillées comme il est prescrit à l'article 47 ci-dessus.

Art. 53. — Les jours de marché (samedi et mardi) cette visite aura lieu de 7 heures à 9 heures, dans le local spécialement aménagé à cet effet et situé sur la place même du marché.

Art. 54. — Tout autre jour que ceux des marchés, les viandes provenant de l'extérieur devront être, dès leur arrivée sur le territoire de Bayeux, directement conduites à l'abattoir et devront subir la visite sanitaire et le poinçonnage suivant les indications de l'article 47 ci-dessus ; ces viandes seront d'ailleurs soumises à toutes les prescriptions des articles 48, 49 et 50.

TITRE VI

Taxes

Art. 55 — Les droits et prix de location auxquels donnera lieu l'usage de l'abattoir et de ses dépendances sont les suivants :

1° Droit d'abatage, 0 fr. 01 par kilogramme de viande nette.

2° Droit de vérification sanitaire, 0 fr. 01 par kilogramme de viande nette.

3° Droit de séjour dans les étables, bergeries et porcheries :

Bœufs, taureaux, vaches ou génisses, après un séjour gratuit de quarante-huit heures, le jour de l'abatage n'étant pas compté, par tête . . . . 0 fr. 20

Veaux . . . . 0 fr. 15

Porcs. . . . . 0 fr. 10

Moutons ou agneaux . . . . 0 fr. 10

4° Droit de magasinage dans les greniers à foin, par mois et par grenier . 3 fr. »»

Art. 56. — Lorsqu'il sera contracté des abonnements pour l'occupation des places dans les étables, bergeries et porcheries, ces abonnements donneront droit à des places réservées qui seront toujours à la disposition du locataire ; le prix en est fixé ainsi qu'il suit :

Pour les bœufs, vaches et génisses, par mois et par place . . . 3 fr. »»

Pour les veaux, par tête et par
    place. . . . .   2 fr. » »
Pour les porcs, par chaque case réservée,
    par mois . . . . . .   6 fr. » »
Pour les moutons, par chaque case réservée,
    par mois . . . . . .   4 fr. » »

    Droit de triperie :

Location comportant l'usage d'une chau-
    dière, d'un bouilleur, d'une distribution
    d'eau froide, de bacs de lavage, par
    mois. . . . .   20 fr. » »
Location comportant l'usage, en commun,
    par les bouchers de Bayeux, d'une chau-
    dière, d'un bouilleur, d'une distribution
    d'eau froide et de bacs de lavage à eau
    chaude, par mois . . . .   3 fr. » »

    Art. 57. — M. le Commissaire de Police,
M. le Préposé en chef de l'octroi, M. le
Directeur de l'abattoir, MM. les Vétérinaires
préposés à la police sanitaire de l'abattoir
et des marchés, sont chargés, chacun en ce
qui le concerne, de l'exécution du présent
arrêté.

Fait à Bayeux, le 8 avril 1914.

H. DELMAS.

Vu et approuvé :

Caen, le 1ᵉʳ Mai 1914.

Le Préfet du Calvados,

HENDLÉ.

Bayeux. — Typ. G. COLAS, rue Royale.